SOMMAIRE

INTRODUCTION

1. Ce jeu s'adresse aux couples qui souhaitent mieux se connaître ou à ceux qui désirent se (re)découvrir et favoriser des relations plus harmonieuses, de façon ludique, innovante et sensuel

2. Ce jeu s'adresse aux couples qui souhaitent mieux se connaître ou à ceux qui désirent se (re)découvrir et favoriser des relations plus harmonieuses, de façon ludique, innovante et sensuel

3. Jouer ensemble apporte de la joie et une plus grande résilience dans votre relation. Cela peut aussi guérir les ressentiments et les désaccords que vous avez

4. Grâce au jeu, nous apprenons à nous faire confiance et à nous sentir en sécurité

5. "La recherche du plaisir à deux c'est donner envie à l'autre de recommencer"

6. Que vous soyez jeune couple ou mariés depuis longtemps, tout le monde veut une vie sexuelle excitante et épanouie

7. En amour, pour que le plaisir soit toujours au rendez-vous, il faut d'abord y préparer son corps et savoir comment l'éveiller à la sensualité avant l'union charnelle

8. Brossez-vous les dents pour éliminer les odeurs dans la bouche. De même, essayez de ne pas manger des aliments désagréables avant les rapports sexuels, comme les oignons et l'ail

9. Assurez-vous que vous sentez bon, l'odeur la plus fraîche est celle après une douche et la pire odeur est celle de la sueur! les femmes en particulier sont sensibles à l'odorat

10. Ajoutez des petites touches personnelles à votre environnement pour créer l'atmosphère voulue: votre playlist préférée, des lumières tamisées, des bougies parfumées, tout ce qui peut aider à sublimer les instants à venir

11. Les baisers, les caresses et autres mots doux renforcent la complicité et créent une délicieuse harmonie entre les partenaires... Alors pas question de les expédier en quelques minutes

12. "L'hygiène intime est associée à la propreté du corps, au respect de soi et de son partenaire"

RÈGLE DU JEU

Placez-vous l'un en face de l'autre, chacun votre tour vous poser la question à votre partenaire.

Le livre combine plusieurs jeux, vous avez juste a suivre le parcours prédéfini et aurez le choix selon vos envie de passer des étapes.

Des bifurcations vous serons proposer afin de pimenter, si vous le souhaiter votre parcours en allant aux page et numéros proposés.

Des défis sur l'année et des défis éphémère vous seront donc proposés afin de pimenter votre parcours.

1. A quoi ressemble une soirée parfaite à deux ?

2. Les 3 valeurs que tu veux Absolument transmettre à tes enfants ?

3. Si tu étais convaincu que je prenais une mauvaise décision, que ferais-tu ?

4. Quelle langue aimerais-tu apprendre ?

5. Quel est ton plus grand fantasme ?

6. Quelle partie de mon corps préfères-tu ?

7. Quelle est ta définition du mot "romantique" ?

8. Ton plus gros complexe ?

9. Quelle est la personne
que tu admires le plus ? Pourquoi ?

10. Quelle est ta définition
du mot responsable ?

11. Cite-moi 3 qualités
et 3 défauts qui te caractérisent !

12. Quelle est ta plus grande peur
dans une relation amoureuse ?

13. Quel est ton week-end
en amoureux idéal ?

14. Quelle est la chose
la plus débile que tu aies faite ?

Ou prenez le défi n°1 page 47

15. Qu'est-ce qui t'attire en général
chez un/e homme/femme ?

16. Quel est ton genre
de films préférés ?

17. Quel est ton plat préféré ?

18. Si tu devrais habiter dans un autre pays, cela serait lequel ? Pourquoi ?

19. Quel est le trait de caractère le plus important pour toi ?

20. Quelle est la pire chose que tu aies mangé ?

21. Préfères tu le faire dans le noir ou avec un peu de lumière ?

22. Aimes-tu la lecture ? Si oui, quel est ton livre préféré ?

23. Quelle est la partie de ton corps qui tu complexes ?

24. Quel est ton plus grand regret ?

25. Quel est le défaut que tu détestes le plus chez moi ?

26. Quelles sont les qualités que tu préfères chez moi ?

Ou prenez le défi n° 2 page 47

27. Si nous étions enfermés pendant 3 heures dans un ascenseur, que ferions-nous?

28. Quelle activité préfères-tu faire avec moi ?

29. Quelle serait la chose la plus folle que tu serais prête à faire pour moi ?

30. Une relation amoureuse doit-elle être passionnée, sauvage, routinière ?

31. Quelle est la plus grande force de notre couple ?

32. Professionnellement, où te vois-tu dans 3 ans ?

33. Quelle est la chose
la plus sexy chez moi ?

34. Quel est pour toi
mon pire défaut ?

35. Décris-moi en une seule phrase !

36. Un scénario coquin qui t'excite ?

17

37. Quel est le plus beau jour de ta vie ?

38. Si tu pouvais changer une partie de ton corps, laquelle choisirais-tu ?

39. Qui est le plus têtu des deux ?

Ou prenez le défi n° 3 page 47

40. Quel costume sexy aimerais-tu que je porte ?

18

41. Est-ce que tu as déjà regardé mon téléphone portable ?

42. Quel est ton meilleur souvenir ?

43. Est-ce que tu préfères un partenaire dominant, soumis ou neutre ? Pourquoi ?

44. Quelle est la plus grande force de notre couple ?

45. Quel est le plus beau jour de ta vie ?

46. Si tu pouvais changer une partie de ton corps, laquelle choisirais-tu ?

Ou prenez le défi n° 4 page 47

47. Qui est le plus têtu des deux ?

48. Quel costume sexy aimerais-tu que je porte ?

49. avoir les lumières allumées
OU
éteintes pendant les rapports sexuels ?

50. la levrette
OU
la position du missionnaire ?

51. te masturber
OU
te faire masturber ?

Ou prenez le défi n° 5 page 48

52. des préliminaires qui durent
OU
assez rapides ?

53. le sexe vaginal
OU
le sexe anal ?

54. le sexe de ton/ta partenaire
complètement épilé
OU
poilu ?

55. faire l'amour dans la chambre
OU
dans la salle à manger ?

56. ma tête
OU
mon corps ?

57. les soirées en discothèque
OU
chez des amis ?

58. des mots crus
OU
ou doux pendant l'acte ?

59. être touché(e)
OU
toucher ton/ta partenaire ?

60. te faire attacher
OU
attacher ton/ta partenaire ?

61. envoyer des nudes à ton patron
OU
à tes parents ?

62. n'être que dessous pendant le sexe
OU
que dessus ?

Ou prenez le défi n° 6 page 48

63. surprendre tes parents en train
de faire l'amour
OU
te faire surprendre par tes parents ?

64. manger dehors à chaque repas
OU
devoir cuisiner ?

65. n'avoir qu'un seul enfant
OU
devoir en avoir sept ?

66. utiliser du lubrifiant
OU
à sec ?

Ou prenez le défi n° 24 page 52

67. l'intelligence
OU
la beauté ?

68. te faire étrangler
OU
gifler pendant le sexe ?

69. faire des trucs romantiques
OU
plutôt pervers au lit ?

70. faire l'amour avec quelqu'un
qui parle tout le temps
OU
quelqu'un qui ne fait pas de bruit ?

71. le sexe au premier rendez-vous
OU
attendre un mois après le
début de la relation ?

72. faire l'amour le matin
OU
le soir ?

73. que ton/ta partenaire ne puisse
utiliser que ses mains
OU
que sa bouche pendant les préliminaires ?

74. baiser avec
OU
sans préservatif ?

Ou prenez le défi n°7 page 48

75. regarder quelqu'un faire l'amour
OU
qu'on te regarde ?

76. faire l'amour 2 fois par jour
OU
une fois par trimestre ?

77. un pique-nique au bord d'un lac
OU
un dîner dans un restaurant chic ?

78. faire l'amour sur un lit
OU
par terre ?

79. commencer les préliminaires habillé
OU
complètement nu ?

Ou prenez le défi n° 23 page 52

80. quelqu'un d'attirant mais
mauvais au lit
OU
Laid mais incroyablement bon au lit ?

Qu'est-ce que tu préfères ?

ACTION

81 Embrasse ton amour dans le cou avec sensualité

OU

VÉRITÉ

Quel est l'endroit le plus insolite
où tu as fait l'amour ?

ACTION

82 Masse ton/ta partenaire pendant
une durée de 5 mins

Ou prenez le défi n° 8 page 48

OU

VÉRITÉ

Quelle est ta partie préférée des préliminaires ?

ACTION

83 Fait une danse très sexy avec une chaise

OU

VÉRITÉ

Préfères-tu donner une fessée
à quelqu'un ou être fessée ?

ACTION

84 Envoie un SMS très coquin à ton amour

OU

VÉRITÉ

As-tu déjà expulsé quelqu'un de ton lit
immédiatement après avoir fait l'amour ?

ACTION

85

Mets un bandeau sur tes yeux et embrasse la partie du corps que ton/ta partenaire mettra devant ta bouche

OU

VÉRITÉ

Quelle expérience sexuelle voudrais-tu effacer de ta mémoire ?

ACTION

86

Lèche la poitrine de ton/ta partenaire

OU

VÉRITÉ

Décris ton fantasme sexuel et annonce quand aimerais-tu le réaliser

ACTION

87

Mets quelque chose de comestible
sur mon avant-bras et lèche-le

OU

VÉRITÉ

Explique la pire position sexuelle, selon toi

ACTION

88

Montre-moi une vidéo porno que tu voudrais
que nous jouions ensemble

Ou prenez le défi n° 9 page 49

OU

VÉRITÉ

Si tu pouvais avoir une superpuissance sexuelle,
qu'elle sera-t-elle ?

ACTION

89

Masturbes-toi devant ton/ta partenaire pendant 3 mins

Ou prenez le défi n° 22 page 52

OU

VÉRITÉ

Est-ce que quelqu'un t'a déjà surpris en train de faire l'amour ?

ACTION

90

Commande un sextoy en ligne (pour madame)

Ou prenez le défi n° 10 page 49

OU

VÉRITÉ

Selon toi, quel âge est «trop vieux» pour que quelqu'un soit encore vierge ?

ACTION

91

Mets un bandeau sur tes yeux et laisse
ton/ta partenaire faire ce qu'il/elle
veut pendant 5 mins

OU

VÉRITÉ

Quelle partie non sexuelle de ton corps
t'excite le plus lorsque je la touche ?

ACTION

92

Donne quelque chose à ton/ta partenaire
avec ta bouche uniquement

OU

VÉRITÉ

Quelle est la chose la plus étrange que
tu es jamais faite en te masturbant ?

34

ACTION

93

Ferme les yeux et décrit en détail
à quoi ressemble mon corps

OU

VÉRITÉ

Préfères-tu coucher avec quelqu'un de 20 ans
de plus ou de 20 ans de moins ?

ACTION

94

Déshabille partiellement ton/ta partenaire

OU

VÉRITÉ

Si tu avais le pouvoir de donner ou de recevoir
des orgasmes illimités, que choisirais-tu ?

ACTION

95 Va dans la salle de bain, prend un selfie hot et envoie-le à ton/ta partenaire

OU

VÉRITÉ

Quel est l'endroit public où tu aimerais qu'on fasse l'amour ?

Ou prenez le défi n° 21 page 52

ACTION

96 Masturbe ton/ta partenaire pendant 5 mins

OU

VÉRITÉ

Sur quel personnage fictif as-tu des fantasmes sexuels ?

ACTION

97

Mets du Nutella ou chantilly sur les tétons de ton/ta partenaire et lèche le pendant 5 mins

OU

VÉRITÉ

Quel genre de porno as-tu regardé pour la dernière fois ?

ACTION

98

Embrasse ton/ta partenaire avec passion pendant 1 mins

Ou prenez le défi n° 20 page 51

OU

VÉRITÉ

Si tu dois baiser un animal, quel animal choisirais-tu ?

ACTION

99

Enlève les sous-vêtements de
ton/ta partenaire sans tes mains

OU

VÉRITÉ

Préfères-tu dominer quelqu'un ou être dominé ?

Ou prenez le défi n° 10 page 49

ACTION

100

Indique exactement l'endroit où tu veux
que ton/ta partenaire te lèche

OU

VÉRITÉ

Quand a tu perdu ta virginité ?

ACTION

101

*Lèche les parties intimes de
ton/ta partenaire pendant 5 mins*

OU

VÉRITÉ

Nomme ta meilleure position sexuelle

ACTION

102

*Frappe les fesses de ton/ta
partenaire en l'insultant grossièrement*

Ou prenez le défi n° 11 page 49

OU

VÉRITÉ

*Quel acte sexuel as-tu fait
que tu ne feras plus jamais ?*

ACTION

103

Menotte-moi et fais quelque chose que tu
as toujours voulu faire à mon corps

Ou prenez le défi n° 19 page 51

OU

VÉRITÉ

A quand remonte la dernière
fois que tu t'es masturbé ?

ACTION

104

Mets un bandeau sur tes yeux et essaie de
deviner avec quelle partie du corps je te touche

OU

VÉRITÉ

Combien de temps as-tu passé le plus
longtemps sans avoir des relations sexuelles ?

ACTION

105 Essaie de faire jouir ton/ta partenaire en 5 mins

OU

VÉRITÉ

As-tu déjà essayé le sexe anal ?

Ou prenez le défi n° 12 page 49

ACTION

106 Regarde une vidéo porno avec ton/ta partenaire et agissez comme eux pendant 5 mins

OU

VÉRITÉ

Nomme la chose la plus gênante qui t'ait arrivée pendant les rapports sexuels ?

ACTION

107

Faites une sex tape avec 5 positions
pendant 3 mins

OU

VÉRITÉ

As-tu déjà fait des choses
sexy avec de la nourriture ?

ACTION

108

Masse les fesses de ton/ta
partenaire pendant 3 mins

OU

VÉRITÉ

As-tu déjà eu une histoire d'aventure d'un soir ?

Ou prenez le défi n°18 page 51

ACTION

109

Envoie un SMS très sale et pervers
à ton/ta conjoint/e

OU

VÉRITÉ

Préfères-tu le sexe vaginal ou anal ?

Ou prenez le défi n° 17 page 51

ACTION

110

Mets les sous-vêtements de
ton/ta partenaire sur ta tête

OU

VÉRITÉ

Aimes-tu écouter de la musique tout
en ayant des relations sexuelles ?

Action ou vérité

ACTION

111

Baise-moi dans une pièce où nous
n'avons jamais fait l'amour auparavant

OU

VÉRITÉ

Quelle est la personne la plus
inappropriée dont tu as eu un fantasme sexuel ?

Ou prenez le défi n° 13 page 50

ACTION

112

Pour le reste du jeu, fais comme si tu étais un
flic qui veut m'arrêter
pour le crime d'être trop sexy

OU

VÉRITÉ

Quel est ton endroit préféré pour faire l'amour ?

ACTION

113

Choisis une position farfelue pour que
ton/ta partenaire s'y plis pendant 2 mins

OU

VÉRITÉ

As-tu déjà simulé un orgasme ?

ACTION

114

Attache les pieds, les mains et bâillonne ton
partenaire en faisant ce que tu veux
de son corps pendant 5 mins

Ou prenez le défi n° 14 page 50

OU

VÉRITÉ

Quelle est la chose la plus perverse que
tu es faite pendant les rapports sexuels ?

ACTION

115 Huile ton/ta partenaire sur tout son corps et masse le/la pendant 5 mins

OU

VÉRITÉ

As-tu déjà expérimenté avec une personne du même sexe ?

Ou prenez le défi n° 15 page 50

ACTION

116 Finissez dans la salle de bain en cherchant l'orgasme et prenez votre douche ensemble

Ou prenez le défi n° 16 page 50

OU

VÉRITÉ

Finissez dans la salle de bain en cherchant l'orgasme et prenez votre douche ensemble

DÉFIS DIVERS

1

Entame une bagarre
d'oreiller avec
ton/ta partenaire
pendant 2 mins

2

Mets mes
sous-vêtements
durant 5 tours

3

Offre un cadeau à
ton/ta partenaire
dans la semaine
qui suit

4

Mets le plus
de vêtements
possibles en 2 mins

47

5

Gratte ton aisselle
avec ton gros orteil

6

Mime une personne
qui fraude
les portiques du
métro parisien

7

Achète ce livre sur
Amazon et fait le
envoyer
à un couple d'amis
afin de leur faire
une magnifique surprise

8

Mime un dragon de
Komodo qui se
balade dans
les broussailles
thaïlandaises

DÉFIS DIVERS

9

Paye à ta moitié un
cadeau original
et sympa
à moins de 5€
sur n'importe quel
site internet

10

Prépare un dîner aux
chandelles en prenant
soin de cuisiner
toi-même ou te faire
livrer un repas original

11

Fait un massage
de 30 minutes
à ta moitié
à l'aide huile

12

Prends 5 minutes et
raconte l'histoire
de ta vie à ta moitié,
avec le plus
de détails possible

13

Crée un album photo
de vous deux
et faites le imprimer
à moindre coût
sur internet

14

Mime un mec bourré
qui drague
en boîte de nuit

15

Mime ta réaction
d'une capote qui craque
en plein rapport

16

Faites l'amour en
slow sex pendant
une durée de
45 mins minimum

DÉFIS

17

Trouvez un endroit
paisible et faites
l'amour dans
votre voiture

18

Trouvez un lieu public
et faites l'amour
dans les toilettes
en mode quick sex

19

Lors d'une soirée chez
des amis, éclipsez-vous
et faites l'amour
dans une pièce

20

En vacances, trouvez
un endroit en plein air
en journée
et faites l'amour

SUR L'ANNÉE

21

En pleine nuit,
dans la rue,
Madame fait une
fellation à Monsieur

22

En vacances au bord
de mer, faites l'amour
dans l'eau
en pleine nuit

23

Dans un cinéma,
Monsieur se fait
masturber en toute
discrétion jusqu'à
éjaculation

24

Attachez vous
mutuellement
les mains et faites
l'amour (soyez
imaginatif
lors des positions)

LE PATRON ET LA SECRÉTAIRE

Prévoir un chrono, une table, une chaise, un plaid, un bandeau

Monsieur met son plus beau
costume et se parfume

Madame s'habille à ce qui s'apparente
le plus à une tenue de secrétaire

Trouvez une pièce où se
trouve un bureau, une table ....

Madame s'assoit sur la table

Monsieur reste debout, devant elle

Monsieur entame la première initiative
et embrasse madame en mettant
sa main droite sur le côté de sa tête

Embrassez-vous langoureusement pendant 2 mins

Madame reste dans la même position et s'agrippe à monsieur avec ses jambes

Monsieur parcours le dos de Madame avec ses mains d'une manière très sensuels

Madame prend monsieur et le plaque contre un mur de la pièce

 Madame frotte la verge de monsieur dessus le pantalon pendant 2 mins

Monsieur à son tour, plaque madame sur le ventre contre le mur

Monsieur se frotte contre le postérieur de madame pendant 2 mins

Madame prend de quoi attaché les mains de monsieur

Madame enlève le haut de monsieur et lui attache les mains

Scénario Hot

Madame caresse et lèche le torse de monsieur pendant 3 mins

Monsieur s'assied sur une chaise

Madame grimpe sur monsieur en position du cheval

Madame se frotte et chauffe monsieur pendant 2 mins

Madame détache monsieur

Monsieur déshabille madame jusqu'au sous-vêtement

 Monsieur embrasse vigoureusement la poitrine de madame pendant 2 mins

Madame enlève entièrement les affaires de monsieur

Masturbez-vous mutuellement pendant 2 mins

Prenez un plaid ou une petite couverture pour la poser au sol

Madame s'allonge sur le dos

 Monsieur ou madame (au choix) fait une fellation/cunnilingus pendant 3 mins

Monsieur stimule le clitoris de madame pendant 3 mins

Levez-vous

 Madame s'assoit sur la table, monsieur la pénètre pendant 2 mins

Scénario Hot

Monsieur embrasse la poitrine de madame avec une grande sensualité pendant 2 mins

Allez prendre place sur la chaise

 Madame met un genou sur la chaise et se fait pénétrer par monsieur pendant 2 mins

Monsieur récupère de quoi bander les yeux de madame

Madame s'allonge sur le sol

 Monsieur pénètre madame le plus lentement possible en position du missionnaire pendant 2 mins

Monsieur caresse tout le corps de madame avec douceur et sensualité pendant 2 mins

Madame enlève le bandeau qu'elle a sur les yeux

Monsieur s'allonge sur le sol

Madame prend les devants et monte sur monsieur, l'acte dure 1 min

Madame glisse à l'oreille de monsieur les mots les plus sexy et romantique

 Place à la levrette pendant 1 min

Allongez-vous côte à côte
et caressez-vous pendant 3 mins
sans vous toucher la poitrine
ou parties génitales

Regardez-vous dans
les yeux et dites-vous
"je t'aime mon amour"

si vous
n'avez pas
fini avant ...

... la suite c'est vous
qui la créer maintenant
avec un happy end

COACH DE SPORT

Prévoir un chrono, de l'huile

Habillez-vous-en tenues de sport
(un leggins pour madame de préférence)

Allez dans la salle à manger
et faites de la place autour de vous

Allongez-vous sur le sol et faites
10 abdos en position "crunch"

Monsieur apprend à madame à faire des squats

Madame effectue 10 squats pendant
que monsieur se colle à elle
par-derrière en accompagnant le mouvement

Madame se repose et s'assoit sur le sol

 Monsieur s'assoie derrière elle et lui embrasse le cou pendant 2 mins

Monsieur se met en position pour effectuer 10 "crunchs", madame s'assoit sur lui, face à lui et à chaque remontée monsieur donne un baiser à madame

Faites tous les deux 10 "jumpings jack"

Il fait chaud, enlevez mutuellement tous vos vêtements

 Monsieur se positionne derrière madame, debout et et lui caresse la poitrine avec envie pendant 2 mins

Madame se met en position "pompe", monsieur accompagne la série de 10 pompes en se frottant contre les fesses de madame

Madame s'allonge sur le sol et se positionne sur le côté pour travailler les "obliques" avec relevé d'une jambe

Monsieur se positionne derrière et accompagne le mouvement 10 fois

Monsieur apprend à madame à faire des squats

Mettez-vous en position du "69" et pratiquez pendant 3 mins

Monsieur le coach
n'a pas fini de vous surprendre
et souhaite vous faire travailler
les "obliques", pratiquez
cette position pendant 3 mins

Pratiquez cette position pendant 2 mins
le plus lentement possible

Monsieur s'allonge dot au sol,
madame masse les cuisses de monsieur
avec de l'huile pendant 2 mins

Monsieur reste allonger
sur le sol et madame monte
sur lui en se mettant sur le côté,
pratiquez pendant 3 mins

Maintenant,
dépensez des
calories comme
bon vous semble !

LE PROFESSEUR ET L'ÉTUDIANTE

Prévoir un chrono, une table, une chaise, un cahier, un stylo

Madame s'habille d'une manière
"jeune et sexy" si possible en jupe et collant

Madame se munit d'un cahier vierge et d'un stylo

Rendez-vous dans la salle à manger,
madame s'assoit sur une chaise bien
placée dans une partie de la pièce

Monsieur demande à madame
de lister tous les côtés positifs de monsieur

Monsieur vérifie avec attention
les réponses de madame,
pendant qu'elle le regarde avec insistance et envie

Madame à un gage
"de la part de
ses camarades imaginaire",
elle se lève et va embrasser
monsieur pendant 2 mins

Monsieur rétorque et lui caresse les fesses

Madame retourne à sa place
et écrit dans son cahier tout
ce qui l'a fait craquer chez monsieur

+

madame écrit un gage pour
monsieur qu'il doit absolument faire

Monsieur vérifie les réponses et
effectue le gage demandé par madame

Madame joue avec son stylo
et le fait tombé par terre

Cela ne plaît pas à monsieur, madame doit être punie

Monsieur met donc madame "au coin",
se rapproche d'elle, lui monte sa jupe
et se frotte à elle pendant 3 mins

Madame retourne s'asseoir sur sa chaise

Madame écrit le fantasme hot qu'elle
aimerait faire avec monsieur dans son cahier

Monsieur déchire la feuille
et la met de coté, sur son "bureau"

Madame demande soudainement d'aller
aux toilettes, pendant ce temps elle
enlève son collant, sa culotte et remet sa jupe

Madame retourne s'asseoir sur sa chaise

Monsieur, lui se rend compte qu'il a une tâche sur son pantalon

Monsieur enlève son pantalon, ses chaussettes et reste en caleçon

Madame à encore fait tombé son stylo par terre, elle se penche donc pour le ramasser mais d'une manière des plus provocantes et fait la pause

Monsieur en profite pour se mettre derrière elle, lui soulève sa jupe et se frotte à elle pendant 2 mins avec une extrême envie

Madame enlève son haut et le reste des vêtements de monsieur

Cela ne plaît pas à monsieur, madame doit être punie

Monsieur aide madame à s'asseoir sur "le bureau" (la table) et lui propose 3 choses au choix : 2 mins de cunnilingus, 2 mins de doigtage, 2 mins de stimulation du clitoris

Monsieur commence l'acte dans cette position pendant 3 mins

Madame enlève sa jupe, la jette sur monsieur et retourne s'asseoir sur sa chaise

Madame écrit sur son cahier la position favorite qu'elle préfère avec monsieur

Monsieur récupère la feuille de madame et la met de coté

Madame part faire un thé ou un café à monsieur

Monsieur déguste sa boisson de son "bureau", il prend la feuille de madame avec son fantasme hot écrit dessus tout en la regardant avec envie

 Monsieur effectue le fantasme de madame pendant 3 mins

Madame a une petite faim, monsieur pars chercher un gâteau ou une barre chocolatée et lui donne ce qu'elle souhaite

Scénario Hot

Pratiquez ce que madame souhaite pendant 2 mins

Madame se met dans une position adéquate pour que monsieur lui fasse "une branlette espagnol" pendant 2 mins

Exécutez-vous
à cette position dit
"la levrette" pendant 1 min
le plus lentement possible

si vous n'avez pas fini avant ...

... la suite c'est vous qui la créer
maintenant avec un happy end

MERCI

POUR VOTRE CONFIANCE.

E PUBLIE MES LIVRES

DE FAÇON INDÉPENDANTE.

SI VOUS AIMEZ CE LIVRE,

N'HÉSITEZ PAS À ME LAISSER

UN COMMENTAIRE
SUR AMAZON.

73

JE LIS CHACUN DE <u>VOS COMMENTAIRES</u>

AVEC PLAISIR,

ILS SONT CRUCIAUX POUR SOUTENIR

MON TRAVAIL

ET ME PERMETTENT DE VOUS FOURNIR

DE NOUVEAUX CONTENUS DE QUALITÉ.

J'ESPÈRE QUE CE LIVRE VOUS PLAIRA

AUTANT QUE <u>J'AI PRIS LE PLAISIR DE LE</u>

<u>CONCEVOIR</u>

Printed in France by Amazon
Brétigny-sur-Orge, FR

17312570R00042